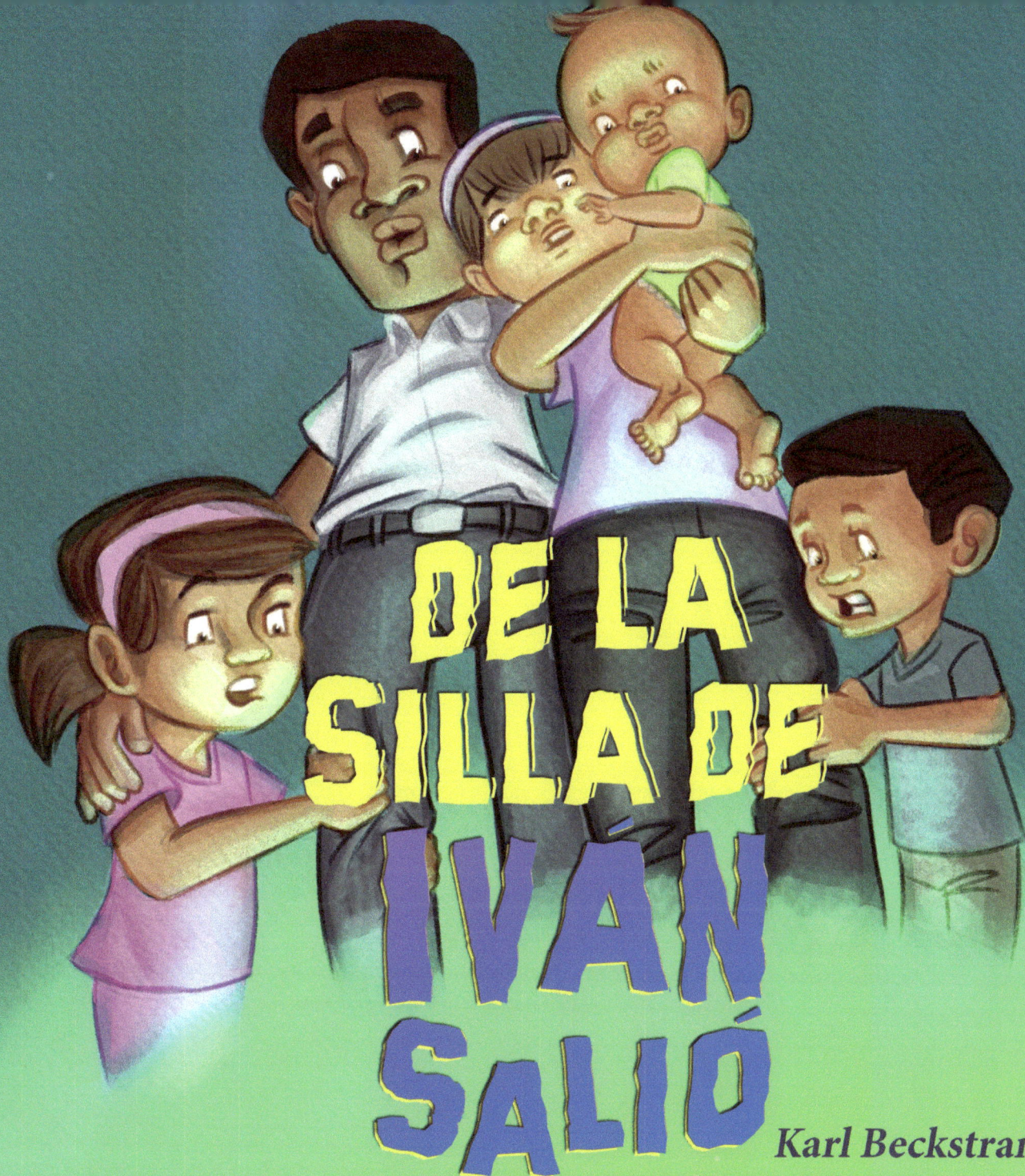

DE LA SILLA DE IVÁN SALIÓ

Karl Beckstrand

Jeremy Higginbotham

De la silla de Iván, salió… Un misterio (with pronunciation guide in English)
It Came from under the High Chair: A Mystery
Misterios para los menores, Libro 5
Para Janalee & Malcolm

Text Copyright © 2019 Karl Beckstrand. Illustration Copyright © 2019 Jeremy Higginbotham
Premio Publishing & Gozo Books, Midvale, UT, USA
Library of Congress Control Number: 2019901686
ISBN: 978-1732069657

Cuenta cuántas veces la "cosa" aparece.

Pedidos y libros GRATIS: GozoBooks.com

Spanish vowels have one sound each: a = ah e = eh i = ee o = oh u = oo. Every vowel should be pronounced (except for the u after a q [and q sounds like a k]). In Spanish, *ll* has is pronounced like a y. The letter j is pronounced like an English h, as is g—if followed by an e or i. The Spanish h is silent.

Just as in English, most Spanish nouns are made plural by adding s or es (an -es ending is pronounced ehz). Spanish nouns are masculine or feminine and are almost always preceded by an article (la = feminine the, el = masculine the, una = feminine a or one, un = masculine a or one). Articles also reflect plural: las = plural feminine the, los = plural masculine the, unas / algunas = feminine some, unos / algunos = masculine some.

PREMIO PUBLISHING & Gozo Books

"¡Mío!", dijo Iván, mirando al suelo y golpeando con la cuchara. "¡Mío! ¡Mío!"

"¿Qué es lo que es tuyo, Iván?", preguntó mamá. "Parece que se te cayó la galleta", le dijo papá. "Aquí, cómete esta banana."

"¡Qué asco!", dijo Elena. "¡Mira el tiradero debajo de la silla de Iván!"

"Ni Ringo se lo quiere comer", dijo Benjamín.

"Claro que no", dijo mamá. "Lo trapearé muy bien mañana."

"Ahora mismo, me tengo que ir a clase, y papá les va a dar un baño." Los besó a todos y se fue.

"¡Papá!", dijo Benjamín, apuntando a algo debajo de la silla de Iván. "Algo ahí abajo se acaba de comer la galleta de Iván."

Elena hizo rodar sus ojos.

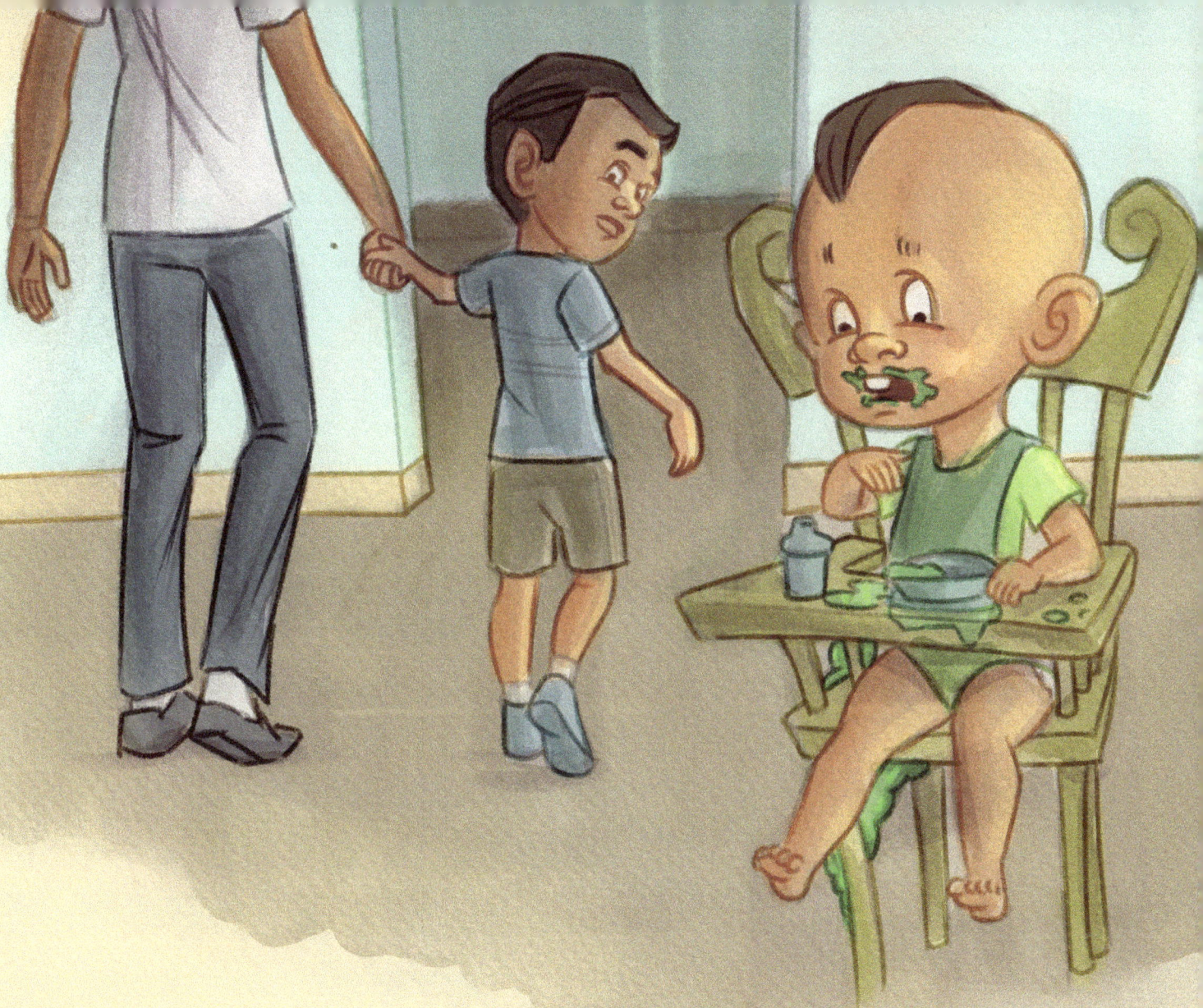

"Qué raro", dijo papá. "Primero, vamos a darte un baño y a limpiarte lo que tengas en el pelo."

Pero mientras papá ayudaba a Bejamín con su baño, Elena vió que algo se estaba moviendo justo por encima de la bandeja de Iván. Era un pegoste verdoso, pero parecía alcanzar...hasta quitarle la banana de la manito a Iván.

Iván dio un aullido. Papá llevó a Iván al baño con su hermano.

Elena no dijo nada. No se lo creía ni ella misma. Aparte de eso, Elena habría hecho un ruido similar al de Benjamín y nadie, nunca más, volvería a creer nada de lo que ella dijera.

Esa noche Elena y Benjamín oyeron a Ringo gruñir,

y algo rugir en la cocina.

A la mañana siguiente, el cesto de la basura de la cocina estaba tirado en el suelo. Papá recogió toda la basura y, mientras la sacaba, le hizo un gesto de molestia a Ringo.

"Voy a limpiar el tiradero de debajo de la silla para comer antes de que se petrifique", dijo mamá. Pero cuando movió a un lado la silla, el tiradero no estaba allí. "¡Ja! Puede que papá lo haya limpiado anoche", dijo feliz.

"No, no, mamá", dijo Benjamín. "Creo que se escapó."

"¡Ey!", dijo mamá. "¿Cómo es que está desapareciendo la comida de Ringo? He llenado su plato dos veces hoy. Y él no come tanto."

"No sé", dijeron Elena y Benjamín juntos, mirándose el uno al otro.

Mamá miró a Iván, luego el plato de Ringo, y negó con la cabeza.

Ahí fue cuando Elena lo vio, tan claro como el puré en la nariz de Iván. Estaba cerca de la lavadora, llenándose de pelusa de la secadora. Era de un gris verdoso, con zanahorias, con croquetas de Ringo, y con ojuelos de cereal azucarado por todas partes.

"¡Ey!", dijo Elena. "¡Está en la lavandería!"

"¿Qué hay en la lavandería?", preguntó mamá.

"Lo que estaba debajo de la silla de Iván", dijo Elena.
"¡Estaba comiendo pelusa!"

"Tienes mucha imaginación, Elena", dijo mamá, apoyándose en la puerta. "Sabía que la imaginación de Benjamín sería contagiosa..."

"¿Alguien llamó a Benja-MAN, el fantástico?"
dijo una voz. Benjamín entró dando saltos por la
habitación con una toalla atada a su camiseta.

"Atraparé esa bola de queso", dijo, "con la ayuda de Ringo, el apurado".
Pero el luchador canino anticrimen estaba distraído con algo en la sala de estar.

"¡Guau!"

"¡Aaa...!", dijo papá.
"¿Qué es lo que pasa con la pantalla?"
Benja-MAN el fantástico llegó a su lado con la
rapidez de un relámpago.
"Lo investigaré", dijo Benjamín.

Tras la pantalla, el rastro verde de una masa viscosa iba desde el cordón hasta la cocina,

a donde Ringo iba ladrando ferozmente trás algo.

La familia lo seguía con curiosidad.

Elena sabía que sus padres podían ver lo que Ringo perseguía, porque se pararon al lado de la puerta con ojos de asombro.

Tumbó una planta, la cosa pasó volando por donde estaba Elena, entre las patas de Ringo, alrededor del plato del perro, por la silla de Iván, sobre los muebles, por encima del lava vasija, salió por la ventana, y al jardín.

Mientras la familia miraba desde la ventana, la cosa que salió de debajo de la silla de Iván se disolvió en una lluvia de agua de los aspersores hasta no dejar rastros.

Desde aquel día, las flores del jardín de atrás de la casa han florecido más hermosas que nunca.

A pesar de los muy interesantes conjuntos que Benjamín se pone, se ha ganado el respeto de la familia. Elena piensa que Iván se ha vuelto más limpio y está más contento a la hora de comer.

El único que recibe de la comida de Ivan
es Ringo, y sólo cuando Iván se siente
generoso.

"¡Buen perro!"

PREPOSITIONS
Spanish prepositions don't always translate easily into English—and vice versa.
Aunque la siguiente información parezca simple, las preposiciones en español no siempre cuentan con traducción directa al inglés, y vice versa.

about	a punto de	inside	a
above	por encima	into	dentro de
across	del otro lado de	like	similar a/de la misma manera
after	detrás de	minus	menos
against	en	near	cerca
along	al lado de	of	de
amid	en medio de	off	fuera
among	entre	on	de
around	al rededor de	on top of	por encima de algo
as	como	onto	sobre
at	a	opposite	opuesto
before	antes de	outside	afuera
behind	detrás	over	por encima de
below	debajo de	past	por donde
beneath	bajo	plus	más
beside	al lado	regarding	con relación a
between	entre	since	desde
beyond	más allá de	than	que
but	pero	through	a través de
by	cerca de	to	a
concerning	relativo a	toward	hacia
despite	a pesar de	under	debajo
down	abajo	underneath	debajo
during	durante	unlike	a diferencia de
except	excepto	until	hasta que
excluding	excluyendo	upon	en cuanto
following	a continuación	via	vía
for	por	with	con
from	de	within	dentro de
in	en	without	sin

Other stories by Karl Beckstrand:

¿FIN?

PremioBooks.com/online-story-secrets

Para ver si tu cuenta de la "cosa" coincide con la nuestra, mira al sitio arriba.

www.ingramcontent.com/pod-product-compliance
Lightning Source LLC
Chambersburg PA
CBHW040249100426
42811CB00011B/1203